La magie

Collection Arts du cirque dirigée par Isabelle Quentin

Ouvrages parus dans la collection :

Jongler avec des balles au sol, par Sylvain Duchesne

Le mime, par Mario Diamond

Jongler avec des bâtons, par Patrick Villeneuve

Jongler avec des quilles, par Bernard Lebel

Jongler avec des balles, par Christopher Ryan

Jongler avec un diabolo, par Patrick Villeneuve

Yannick Lacroix

La magie

Les Éditions
LOGIQUES

LOGIQUES est une maison d'édition reconnue par les organismes d'État responsables de la culture et des communications.

Nous remercions le Conseil des Arts du Canada, le ministère du Patrimoine canadien et la Société de développement des entreprises culturelles du Québec pour leur appui à notre programme de publication.

Photos : Sébastien Larose
Révision linguistique : Catherine Saguès, Nathalie Prince
Conception et réalisation : Trait d'union
Supervision de l'édition : Isabelle Quentin éditeur

Distribution au Canada :
Logidisque inc., 1225, rue de Condé, Montréal (Québec) H3K 2E4
Téléphone : (514) 933-2225 • Télécopieur : (514) 933-2182
Distribution en France :
Librairie du Québec, 30, rue Gay-Lussac, 75005 Paris
Téléphone : (33) 1 43 54 49 02 • Télécopieur : (33) 1 43 54 39 15
Distribution en Belgique :
Diffusion Vander, avenue des Volontaires, 321, B-1150
Téléphone : (32-2) 762-9804 • Télécopieur : (32-2) 762-0662
Distribution en Suisse :
Diffusion Transat s.a., route des Jeunes, 4 ter C.P. 1210, 1211 Genève 26
Téléphone : (022) 342-7740 • Télécopieur : (022) 343-4646

Les Éditions LOGIQUES
1247, rue de Condé, Montréal (Québec) H3K 2E4
Téléphone : (514) 933-2225 • Télécopieur : (514) 933-3949
Site Web : http://www.logique.com

La magie

© Les Éditions LOGIQUES inc., 1998
Dépôt légal : premier trimestre 1998
Bibliothèque nationale du Québec
Bibliothèque nationale du Canada
ISBN 2-89381-494-8
LX-559

Table des matières

8

Préface

Il m'est très difficile de préfacer un livre de magie élémentaire destiné à des débutants et je m'en explique.

Lorsque quelqu'un découvre un livre annonçant des tours de magie simples, faciles à réaliser, il se met à présumer que tous les tours de magie le sont. Or, il n'y a rien de plus faux.

On a tendance à croire que, pour peu qu'on connaisse le truc, c'est tout ce qu'on a besoin de savoir. Erreur, là encore.

L'art de la magie est remarquablement complexe, inextricable, mais fascinant. Comme dans l'étude de n'importe quel sujet, ou n'importe quelle forme d'art, il existe plusieurs niveaux de compétence. Lorsque vous aurez lu ce livre et réussi les tours présentés, vous sortirez tout juste du… jardin d'enfants ! Que vos premiers résultats ni les réactions d'étonnement et d'admiration de votre auditoire ne vous amènent pas à penser autrement.

L'éblouissant magicien espagnol, Juan Tamariz, véritable bête de scène, ayant poussé l'extravagance au plus haut niveau professionnel, déclara un jour qu'il considérait la magie comme l'un des arts les plus difficiles au monde à maîtriser. Voyez les qualités qu'il requiert :

- Vous devez être un bon acteur, c'est-à-dire bien vous exprimer, bien bouger, avoir de la présence sur scène, comprendre le théâtre et savoir déclencher toute une série d'émotions ;

- Vous devez être un bon comédien, sachant blaguer et rendre son spectacle amusant ;
- Vous devez être un bon magicien qui possède les habiletés du métier et qui comprend la pensée et la psychologie cachées derrière le fonctionnement de la magie ;
- Vous devez être un bon auteur afin de monter des spectacles et d'écrire des boniments qui intéresseront et divertiront le public ;
- Et, en supposant que vous souhaitiez développer du matériel original, vous devez aussi être un créateur, avoir de l'imagination et des connaissances pour que naissent de nouvelles idées et des numéros inédits.

10 Si vous avez envie d'apprendre quelques tours pour distraire vos amis et vos proches, c'est très bien, et cet ouvrage vous offrira certainement des exemples surprenants. Cependant, mon souhait, comme celui de Yannick, est que ce livre vous pousse à aller plus loin, à apprendre toujours davantage sur cet extraordinaire métier. Un sage a dit une fois qu'il n'est pas logique d'être toujours logique. Le mystère est parfois plus important que toute explication, car l'inexpliqué nourrit nos rêves et notre imagination.

Puissiez-vous, par vos tours de magie, stimuler l'imagination de votre public.

Gary Kurtz
Montréal, décembre 1997

Introduction

Ce livre va vous permettre d'apprendre des tours de magie extraordinaires, choisis avec soin parmi ceux qui composent mon répertoire de magicien professionnel. Ce sont des tours de passe-passe très simples mais très efficaces. Certaines des astuces que je vais vous révéler demandent un tel aplomb que vous douterez de pouvoir tromper aussi facilement le public. Mais faites-moi confiance : en utilisant les méthodes que je vous indique, et à la condition de vous exercer suffisamment, vous parviendrez à une dextérité qui vous étonnera de jour en jour.

Le grand secret de la magie est que l'effet produit par un tour dépend presque entièrement de la présentation, c'est-à-dire de la façon de l'interpréter devant le public. Il est même des tours qui ne sont que des présentations et qui ne requièrent aucune habileté. Comme l'a dit le grand Robert Houdin, un bon magicien est avant tout « un acteur dans un rôle de magicien ». C'est ainsi que vous réussirez vos numéros, que vous distrairez et surprendrez l'assistance, et non avec des mystères de pacotille qui ne l'intéressent guère. Il faut donc bien maîtriser la technique des tours avant de les interpréter devant les spectateurs, ce qui demande un entraînement sérieux et de nombreuses répétitions.

Les connaissances de base ne sont pas compliquées, et je vais vous les enseigner. Ce qui importe le plus, c'est la pratique, qui vous donnera la maîtrise et l'aisance dans l'exécution des tours.

Le maintien du secret est également capital. Ne divulguez vos secrets à personne ! Pourquoi, alors, ai-je écrit ce livre et « vendu la mèche » ? Parce que, en ayant acheté cet ouvrage, vous avez prouvé un réel intérêt pour la magie, et non une simple curiosité passagère, et montré votre volonté d'aller plus loin. Je vais donc vous aider dans vos premiers pas. On ne naît pas magicien, et la magie, comme tous les autres arts, doit s'apprendre.

Les tours de magie les plus intéressants pour les spectateurs sont généralement ceux qui sont présentés avec des objets d'usage courant, tels que les jeux de cartes, les pièces de monnaie, les cordes, les foulards... Ce sont les méthodes les plus simples qui produisent toujours les plus grands effets sur un public. Dans ce livre, vous découvrirez 12 tours qui ne demandent aucun appareil sophistiqué afin que chacun de vous puissiez les exécuter facilement.

Ensemble nous allons explorer ce monde de fantaisie, de mystères ! Vous n'avez qu'à me suivre, je serai votre guide bienveillant !

Historique de la magie

Personne ne connaîtra jamais le nom de celui qui fut le premier à exécuter un tour de magie. Il est d'ailleurs improbable qu'il s'agisse d'une seule personne, mais plus vraisemblable que, dès la préhistoire, plusieurs individus, éparpillés dans le monde, aient découvert qu'ils avaient l'habileté requise pour tromper leurs semblables, soit oralement, soit visuellement. Et c'est ainsi qu'ils devinrent les premiers magiciens.

La première trace écrite, ou du moins la première que nous connaissons, qui fasse référence à une représentation magique spécialement préparée pour l'occasion, est celle d'un spectacle donné en Égypte par Dedi, le magicien de la cour du pharaon Khéops, il y a environ 3000 ans. Cet événement est signalé dans le papyrus *Westcar* qui est actuellement conservé dans un musée de Berlin.

Dans ce manuscrit, on raconte comment la représentation se déroula, ainsi que les tours qui furent créés. Par exemple, on coupa la tête d'un poulet et on la fit revenir sur son cou, un précurseur de l'effet moderne de décapitation, puis on transposa les têtes de deux poulets, l'un blanc et l'autre noir, suivi de leur retour à l'état premier.

Ce n'est qu'au xvie siècle qu'un livre sur la magie fut édité. Œuvre de Reginald Scott, il était intitulé *The Discovery of Witchcraft* (« La découverte de la sorcellerie »), mais ne traitait pas seulement de sorcellerie. On y expliquait comment jeter des sorts, soulager toutes sortes de maux et de douleurs et on y dévoilait également les secrets de plusieurs tours de magie, y compris ceux qui utilisent la corde, le papier, les monnaies et l'effet de décapitation.

Bien que *The Discovery of Witchcraft* ait été publié pour protéger la société à l'époque des charlatans et des escrocs, on peut facilement penser qu'il n'a pas produit le résultat escompté. En effet, le grand public était composé de gens pauvres qui, en admettant qu'ils aient su lire, ne pouvaient se permettre le luxe d'acheter un livre. De ce fait, les seules personnes qui finirent par en tirer profit furent les riches et les faux devins. Dans ces pages, dont le but était pourtant de priver ces trompeurs de leurs moyens de subsistance, ces derniers découvrirent de nouvelles méthodes pour convaincre le peuple de leurs pouvoirs. Scott mit beaucoup de temps à rassembler tout le matériel qu'il offrait, enrichi d'illustrations, à ceux-là même qu'il avait, apparemment, l'intention de dénoncer. En fait, il leur avait fait don du premier texte sur l'argument cher à leur cœur : comment tromper le public ?

Les années qui suivirent la publication de *The Discovery of Witchcraft* virent proliférer les acteurs errants. La plupart des troupes comprenaient un jongleur qui exécutait des numéros de magie. Ceux-ci se composaient généralement d'un jeu de gobelets et de balles, autre tour mentionné dans le papyrus *Westcar* des siècles auparavant, et les représentations se tenaient très souvent dans les rues ou lors des foires de villages.

Au xviiie siècle, les jongleurs trouvèrent finalement leur lieu de prédilection : les salons des bourgeois. En cette période, une figure émergea en la personne d'Isaac Fawkes, qui se produisait aussi bien dans les demeures privées que sur les places publiques. On dit qu'il accumula, avec ses tours de magie, une énorme fortune, véritable miracle, surtout si on considère son époque.

Entre le xviiie et le xixe siècle, on vit apparaître des centaines de magiciens professionnels qui ne donnaient leurs spectacles que pour le divertissement. Le temps des charlatans était désormais dépassé et la magie avait acquis une allure respectable. Les magiciens louaient ou faisaient même construire de grandes salles qui se comblaient de spectateurs.

Vers le milieu du xixe siècle, un certain Charles Morton ouvrit le premier café-concert du monde, où le public devait payer pour assister au spectacle. Jusqu'alors, les cafés-concerts n'avaient été que de simples salles contiguës à des lieux publics où, en entrant pour boire quelque chose, on pouvait, gratuitement, voir le spectacle qui y était donné. Morton changea cet état de fait : il fit construire le Canterbury Music Hall et exigea qu'on paie l'entrée. Il avait donné le départ à ce qui devait devenir les variétés ou vaudevilles, et les propriétaires de nombreux autres cafés-concerts ne se firent pas prier pour adopter son idée. Bientôt, les théâtres de variétés se multiplièrent en Angleterre, aux États-Unis, puis partout dans le monde. L'avènement des variétés introduisit un nouveau type de magicien professionnel qui n'aurait exécuté qu'un certain nombre de tours pour les perfectionner constamment en les présentant semaine après semaine. Ceci devait être le concept pendant la centaine d'années suivantes, c'est-à-dire jusqu'à l'apparition de la télévision. John Logie Baird, l'un des pionniers de la télévision, ne sut jamais quel coup mortel il porta au monde du spectacle avec la transmission d'images animées. La disparition des variétés est très certainement liée à plusieurs facteurs, mais le petit écran en est, sans l'ombre d'un doute, le plus important.

Le grand public a aujourd'hui peu de possibilités d'assister aux représentations publiques d'un magicien et presque aucune chance de voir l'un des grands spectacles de magie qui circulaient encore au début des années 50.

Cependant, il existe une lueur d'espoir : le spectacle commandité. Cela s'est vérifié aux États-Unis, où de grandes compagnies ont recueilli suffisamment de fonds pour organiser une tournée de spectacle de magie à travers le pays. En échange, les commanditaires bénéficient de publicité pour leurs produits. En Angleterre, certaines annonces publicitaires ont été refusées par la télévision pour diverses raisons, et les entreprises intéressées se sont alors adressées aux organisateurs de spectacles pour promouvoir leurs produits. Qui sait si un jour l'une d'elles ne décidera pas de parrainer un spectacle de jeux de prestige ? À nous, magiciens, de prendre la relève...

15

Terminologie de la magie

Le public confond souvent prestidigitation et illusion, qui sont pourtant deux arts distincts. Comme il est important de savoir les différencier, je me dois de vous les expliquer en détail.

La **prestidigitation** est un art qu'on pratique avec le minimum de matériel. D'ailleurs, le mot désigne parfaitement un ensemble de procédés qui relèvent de ce savoir-faire. Ce mot d'origine latine signifie : action, jeu rapide et habileté des doigts. C'est donc l'art de produire des effets par l'adresse des mains ou par des moyens optiques.

La prestidigitation comprend la micromagie et la magie de scène. **Micromagie** veut dire magie rapprochée. Ce sont des tours exécutés sous les yeux des spectateurs, c'est-à-dire tout près d'eux. La micromagie se présente devant une assemblée d'une dizaine de personnes ou moins. À l'opposé, la **magie de scène** est proposée à un auditoire beaucoup plus vaste, qui peut atteindre jusqu'à des centaines de personnes. Dans ce cas, les tours de magie ne peuvent pas se dérouler près des spectateurs, même si le recours à une scène n'est pas obligatoire.

L'**illusion,** au contraire, ne requiert presque pas de manipulations. Elle nécessite plutôt une foule de moyens, d'objets ou d'instruments qui, la plupart du temps, sont sophistiqués. Il est impossible de produire des illusions sans le secours de matériel ou d'instruments spéciaux que l'on doit construire soi-même ou se procurer au prix fort. Soulignons que tous ces instruments ne peuvent servir qu'à cet usage et qu'on ne les fabrique que sur mesure.

Pour obtenir de bons résultats, on doit travailler dans une salle assez vaste et très bien équipée en matière de son, d'éclairage, etc. Pour réussir dans ce domaine, il faut également travailler devant un très large public, avoir beaucoup de métier, ce qui demande une pratique longue et coûteuse. Disons que devenir illusionniste n'est vraiment pas à la portée de tout le monde et surtout pas à la portée de toutes les bourses.

La prestidigitation, à l'inverse, est un art beaucoup plus intime et plus familier, car elle n'exige aucune instrumentation. On peut la pratiquer avec de petits objets très simples qui, souvent, sont à la portée de tous. En somme, ce qui compte, c'est l'habileté du magicien. La prestidigitation est beaucoup moins onéreuse que l'illusion et elle ne prend pas beaucoup de place dans vos bagages.

Code d'éthique et règles de base pour le magicien

Avant de pénétrer dans le merveilleux monde de la magie et de vous dévoiler quelques tours, il est bon de savoir qu'un code d'éthique régit le métier de magicien et que, comme tout professionnel digne de ce nom, vous devez respecter en permanence les règles que voici :

1. Ne révélez jamais vos secrets. Tous les débutants commettent cette erreur. La magie est mystérieuse, elle provoque la surprise et suscite l'interrogation. Si vous divulguez vos secrets, les gens seront déçus par la simplicité, tant des principes que des techniques.

2. N'exécutez jamais le même tour devant le même public. Lorsque les spectateurs insistent, vous devez résister à la tentation. La première fois, vous avez réussi à les surprendre. La fois suivante, ils sauront quoi chercher et finiront par découvrir le secret. Une personne avertie en vaut deux ! Si on vous redemande ce même tour de magie, montrez-en un différent.

3. Ne racontez pas ce que vous allez faire avant de l'avoir fait. Cela aurait le même effet que de présenter un tour identique à deux reprises. Si le public sait d'avance ce qui va se produire, le risque est plus grand qu'il découvre le secret.

4. Répétez inlassablement vos tours pour bien les maîtriser et pouvoir les exécuter les yeux fermés. Seule la pratique vous donnera la dextérité indispensable. Exercez-vous devant un miroir pour avoir une idée de ce que le public verra.

5. Les spectateurs ne doivent pas se sentir stupides. Certains sont agacés de ne pas comprendre comment le magicien agit. Il faut donc, au préalable, rappeler au public que le but est de l'amuser et que si les tours étaient expliqués, ils perdraient tout intérêt.

6. Ce sont vos mains que le public regardera. Assurez-vous qu'elles soient toujours propres et bien manucurées.

7. N'en faites pas trop ! C'est une aberration de proposer trop de tours lors d'un spectacle. L'assistance doit toujours rester un peu sur sa faim.

8. Sachez ce que vous allez dire avant de prendre la parole. Vous devez roder votre boniment autant que le tour lui-même. Il n'y a rien de pire qu'un magicien qui parle pour ne rien dire. Vous pouvez rédiger votre discours, puis l'enregistrer pour le travailler.

9. Ne vous laissez pas désarçonner par l'échec. Si vous ratez un tour par manque d'entraînement, enchaînez avec le suivant. Puis, chez vous, essayez de comprendre la cause de votre déroute et exercez-vous davantage pour éviter la même maladresse.

10. Souriez ! Ne prenez pas trop au sérieux votre savoir-faire nouvellement acquis, sinon vous n'amuserez personne. Être trop sûr de soi irrite toujours un peu.

Les accessoires de base du magicien

Les jeux de cartes

Qui nous donna les cartes à jouer ? Quel était son nom ? Où vécut-il ? N'avoir aucune réponse à ces questions est l'un des grands mystères de l'art de la magie. Que celui qui nous remit les cartes à jouer demeure inconnu, mais béni soit celui qui, le premier, le baptisa Le Maître des Cartes à jouer, car à ce titre est lié un héritage dont chaque magicien doit être fier.

Le Maître des Cartes à jouer nous offrit nos premières cartes gravées. D'après les dessins de ses figures, les experts estiment qu'il vivait dans les environs de Bâle, en Suisse. Avant son invention, seul un roi ou un prince pouvait posséder des cartes, car étant dessinées et peintes à la main, elles étaient trop coûteuses pour le peuple. Mais le Maître, qui avait fait son apprentissage d'horloger et de graveur d'armoiries, sentant qu'on pouvait les commercialiser, se mit à graver et à imprimer des cartes.

Choisissez avec soin vos jeux de cartes. Celles-ci doivent être de bonne qualité, c'est-à-dire souples (on peut facilement les courber), élastiques (elles redeviennent plates) et lisses (elles glissent facilement). De préférence, procurez-vous des cartes au fini à coussin d'air, ou plastifiées, mais évitez les modèles cartonnés.

Au verso des figures, les dessins géométriques doivent être bordés de blanc. En effet, dans certains tours, il faut retourner discrètement des cartes, et la bordure blanche rend la manœuvre moins visible. Les cartes qu'utilise la majorité des magiciens sont les *Bicycle,* format poker, fini à coussin d'air (**1**). Vendues en paquet de 54 cartes, je vous les recommande fortement.

1

Les pièces de monnaie

Les archéologues et les numismates affirment que les premières pièces de monnaie furent mises en circulation au VIIe siècle av. J.-C. et que leur usage se répandit rapidement dans tout le monde civilisé. Une ancienne tradition attribue la frappe des monnaies à Phéidon, roi de la période mythique d'Argos. Les tours de pièces, décrits par Reginald Scott en 1584 dans son livre *The Discovery of Witchcraft,* furent, sans aucun doute, inventés par les prestidigitateurs de cette lointaine époque.

L'électrum (mélange naturel d'or et d'argent), l'or, l'argent et le bronze étaient alors, comme aujourd'hui, les métaux qui servaient à la fabrication des pièces, et les statères ovales de Lydie, qui datent d'environ 750 av. J.-C., sont les plus anciens spécimens de l'art de battre monnaie. Vers 480 av. J.-C., les pièces étaient rondes et joliment travaillées. Nombre d'entre elles étaient petites, mais leur calibre allait de notre pièce de 25 ¢ à celle d'un dollar américain.

Les magiciens privilégient les pièces du type demi-dollar américain (**2**), parce qu'elles permettent d'obtenir presque tous les effets des anciennes et des nouvelles techniques. Outre leur diamètre et leur poids particuliers, ces pièces sont crénelées, ce qui facilite la maîtrise des techniques de base utilisées. Il est facile de se procurer des pièces américaines chez un numismate.

Mais vous n'êtes pas obligés de les employer, la monnaie canadienne offrant aussi un bon aloi. Cependant, on préférera le dollar ou le deux dollars (**3**) au 25 ¢, plus difficile à manipuler. En tout état de cause, et j'insiste sur ce point, servez-vous avant tout de pièces dont le diamètre convient à la dimension de vos mains.

23

Les foulards et les cordes

Personne ne sait exactement qui exécuta les premiers tours de magie avec des foulards et des cordes, mais ils existent depuis quatre siècles au moins et connaissent encore de nos jours un grand succès. En magie, il est préférable d'utiliser des foulards de soie parce qu'ils sont malléables, compacts et très agréables à manipuler.

En ce qui a trait aux cordes, assurez-vous toujours qu'elles soient souples. Évitez les cordes de nylon qui sont trop rigides.

Les techniques de base

La présentation des tours de magie

En principe, il n'y a pas de mauvais tours. Tout dépend de leur présentation, qui peut être bonne ou mauvaise, selon les efforts que chacun y consacre.

La maîtrise des techniques de magie, qui rend les tours possibles, est une notion essentielle pour le magicien, mais elle n'est pas suffisante pour réussir à amuser et à distraire le public. Il ne suffit pas de se tenir face aux spectateurs et de faire un tour à la perfection : on doit également employer toutes les finesses de l'art théâtral pour gagner l'enthousiasme de l'assistance.

Le but de ce livre n'est pas d'exposer tous les principes de présentation des tours de magie, lesquels seront mieux connus par expérience. Étant donné que l'art de la scène tient une forte place dans la bonne présentation de la magie, il est utile d'en souligner les bases. Néanmoins, je me garderai bien de vous assurer que vous trouverez ici toutes les règles infaillibles permettant de devenir un des grands de la magie. Il n'existe d'ailleurs aucune route magique vers le succès ; il n'y a que le travail acharné et l'expérience, parfois amère, qui pavent la voie de la réussite.

En premier lieu, trouvez le style de magie qui vous convient. Il y a le magicien qui possède le don de provoquer des rires spontanés. Il y a le mystérieux qui présente ses tours de façon à faire croire qu'il détient un pouvoir étrange. Enfin, il y a le magicien amical qui s'efforce de donner l'impression que ses tours ne font partie que d'un simple amusement.

Si vous appartenez au premier groupe, tant mieux et continuez à profiter de votre talent. Si vous relevez de la deuxième catégorie, vous êtes un bon diable, mais couvrez-vous d'un voile impénétrable et sombre. Quant à la troisième famille, elle a ma préférence, car c'est de la magie présentée d'une manière amusante, courtoise, avec bonne humeur, tout en trompant le public agréablement et avec son consentement. Ce genre de présentation a toujours offert un succès durable aux grands magiciens.

La supériorité dans le domaine de la magie ne s'évalue pas à la quantité de matériel qu'un magicien déploie. Au contraire, plus il en aura, moins habile il sera. Ceci s'explique par le fait que, la plupart du temps, beaucoup d'instruments commandent peu d'habileté de la part de l'utilisateur. Dix tours de magie bien exécutés, par un artiste qui a soigné sa présentation pour obtenir le maximum d'effets sur les spectateurs, vaudront mieux que 100 tours avec une tonne d'objets entre les mains d'un maladroit qui veut donner l'impression d'être un maître de la magie. Les tours les plus intéressants pour les spectateurs sont généralement ceux qui sont présentés avec des objets d'usage courant, tels que les pièces de monnaie, les cartes, les cordes, les billets de banque, etc. Ce sont les méthodes les plus simples qui produisent toujours les plus grands effets sur le public.

Le boniment

Le boniment est absolument indispensable dans la présentation de plusieurs tours de magie. Il fait partie prenante d'un tour pour détourner l'attention du public afin d'obtenir l'effet désiré.

Dans certains cas, je vous expose le boniment que je sers habituellement, mais vous pouvez le modifier et ajouter des propos qui conviennent mieux à votre personnalité. Ce qui importe, c'est de pouvoir varier le boniment de façon à l'adapter au lieu et aux personnes auxquelles on présente nos tours.

Un boniment n'est pas nécessaire à chaque tour. Lorsque celui-ci est très visuel, comme l'apparition d'une colombe, il n'y a pas grand-chose à dire et il est préférable de se taire devant un si bel effet.

En pratiquant vos tours de magie, il vous viendra sûrement des idées pour bâtir votre propre argumentaire, ce que je vous encourage fortement à faire. Efforcez-vous de trouver un discours original qui soit le reflet de votre tempérament, de votre personnalité : ainsi, vous ne serez pas la copie conforme d'un autre magicien. Soyez vous-même et essayez de le rester !

Par ailleurs, c'est une erreur de croire qu'un magicien peut se présenter devant un public et espérer envelopper ses tours dans un boniment qu'il improvisera au fur et à mesure de son spectacle. C'est également une erreur de penser qu'il faut apprendre par cœur un discours, puis le réciter mot à mot, tel un perroquet. La bonne méthode consiste à réfléchir au sens du boniment par rapport à sa personnalité et au style du spectacle. N'essayez pas d'utiliser le boniment d'un autre magicien, car il peut être très bon pour lui, tout en étant très mauvais pour vous. En créant le vôtre, vous aurez élaboré une présentation qui vous sera typique.

Lorsque votre boniment sera rédigé, apprenez-le phrase par phrase, débitez-le à haute voix, en exerçant votre voix, comme un acteur exerce la sienne, en plaçant les inflexions qui doivent souligner les moindres nuances de votre pensée. Articulez, accomplissez votre prestation tout en parlant et coordonnez vos gestes à vos paroles. Plus vous répéterez, plus votre présentation aura l'air naturelle. Une fois que vous aurez appris votre monologue et que vous saurez l'exprimer, chassez-le momentanément de votre esprit. Quelques jours plus tard, reprenez votre texte, mais cette fois sans le réciter mot à mot. Votre mémoire vous en révélera les éléments essentiels et vous n'aurez plus qu'à les utiliser, avec de nouveaux mots, pour en faire un boniment qui semblera encore plus spontané.

Finalement, vous le présenterez au public. Vous pourrez alors retirer ce qui vous paraîtra faible et ajouter des propos plus forts. Méfiez-vous de votre famille et de vos amis : ils vous connaissent trop bien et feraient preuve d'une indulgence… nuisible. Étudiez plutôt la réaction des inconnus : ils seront impartiaux et sans préjugés à votre égard.

La psychologie

L'une des premières choses qu'on doit étudier, avant de faire de la magie, c'est le comportement humain. En effet, le succès dans la magie dépend de notre habileté à pouvoir influencer un public. Ce succès se mesure par les réactions de l'assistance et de notre entourage. Pour plusieurs tours, il ne faut pas oublier que, souvent, l'effet recherché dépend uniquement du boniment. L'attention du public doit être complètement détournée des gestes qu'on exécute. Souvenez-vous que l'attention du public vagabonde constamment. Dès lors, il faut agir pour qu'il ne soit pas obsédé par quelque chose qu'il ne devrait pas observer. Le public est porté à suivre les yeux du magicien, ce qui est tout à fait naturel. Par exemple, si vous regardez votre main droite, le public en fera autant. Si vous parlez, il vous écoutera et vous regardera. Savoir diriger les yeux des spectateurs dans une direction précise, afin de les distraire de ce que l'on fait, est l'un des grands pouvoirs du magicien que vous devez utiliser pour maximiser l'effet de vos tours de magie. Sur scène, il est incroyablement facile de déplacer des objets, qui peuvent parfois être assez gros, sans que les spectateurs puissent voir ou même suspecter quoi que ce soit, et ce, grâce à l'art de détourner l'attention !

Les manipulations

La manipulation est un art difficile et laborieux qui fait partie de la prestidigitation. La manipulation est accessible à tous, à condition d'y consacrer beaucoup d'énergie et, surtout, beaucoup de temps. On n'acquiert pas du premier coup l'habileté nécessaire à exécuter des tours avec le naturel qui permet de les produire sans se faire prendre en défaut par le public. Pour réussir dans ce domaine, il faut avoir des aptitudes techniques, mais aussi posséder le don de charmer, d'intéresser l'auditoire par sa parole et son attitude. On doit aussi être loquace, afin de détourner l'attention du public à chaque instant, et avoir une grande présence d'esprit pour affronter, sans hésitation, n'importe quelle situation qui pourrait faire échouer même le tour le mieux préparé. Autrement dit, il est indispensable de posséder une foule de qualités et de facultés. Lorsque vous les maîtriserez, vous pourrez alors surprendre l'observateur le plus sceptique.

Les angles de visibilité jouent un rôle primordial dans la présentation de la magie. Il est essentiel de connaître exactement ce que le public peut voir lorsqu'il est assis face à vous ou autour de vous. Le seul moyen de le savoir est de s'entraîner devant un miroir. Selon l'endroit où l'on s'installe par rapport au public, les angles de visibilité se dessinent et, en les étudiant attentivement, on sera à même de placer ses mains pour cacher les paumes et phalanges lorsqu'on utilise les techniques d'empalmage *. Surtout lorsque le public est très près de nous, car il faut ajuster l'inclinaison des mains en fonction des différentes places que les spectateurs occupent.

Si vous comprenez dès maintenant qu'il est essentiel d'être naturel en exécutant des tours de magie, j'aurai alors accompli une tâche importante de ma mission d'enseignant ! En effet, si vous ne tenez pas naturellement vos mains, il n'en prendra que quelques secondes à votre auditoire pour détecter votre secret. Par exemple, lors de l'empalmage d'une pièce, si la main n'est pas assez souple, les spectateurs sauront immédiatement que quelque chose est caché dans la paume qui n'a pas une position normale. On ne peut espérer mystifier un public si on ne se souvient pas de cette règle essentielle qui consiste à tenir ses mains dans une position naturelle et décontractée.

Si vous appréhendez une manipulation, vous serez tendu et hésitant avant même de l'avoir mise en œuvre. La nervosité ne se commande pas et elle est toujours ressentie par les autres. Entraînez-vous à maîtriser parfaitement les techniques de manipulation. Essayez de créer les diversions pouvant les couvrir et, lorsqu'elles doivent être employées, oubliez l'importance qu'elles revêtent pour vous. Ainsi, vous éviterez le danger de dévoiler vos secrets.

29

---

* L'empalmage est un terme propre aux magiciens qui s'emploie pour désigner les techniques de prise en main d'un objet qu'on dissimule dans sa paume ou derrière les phalanges.

Tours de magie

À la recherche des quatre as

Les tours de cartes qui utilisent les quatre as ont toujours eu la faveur aussi bien des magiciens que du public. Commençons donc sous le signe des quatre as.

Effet

Un tour où la magie se manifeste dans les mains mêmes du spectateur a toujours un grand effet. Surtout si vous ne touchez pas les cartes vous-même. Ici, c'est le spectateur qui procède à tous les mélanges et à toutes les coupes, et, comme par magie, il parvient cependant à trouver seul les quatre as !

Matériel

Un jeu de cartes.

Préparation

Placez discrètement les quatre as, face vers le bas, sur le dessus du jeu (**4**). Posez le jeu sur la table, devant le spectateur. Vous êtes prêt à commencer le tour.

4

Présentation

Demandez au spectateur de répartir le jeu en quatre piles plus ou moins égales, puis de les aligner l'une à côté de l'autre (**5**, **6**, **7**). Ce faisant, la pile supérieure, avec les as au-dessus, se retrouve en quatrième position. Vous n'avez rien à faire, excepté de donner très

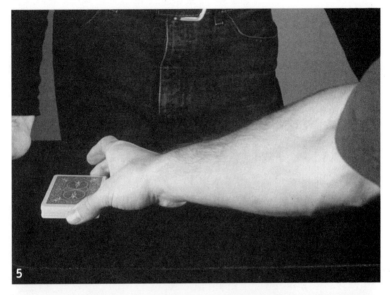

clairement au spectateur les instructions auxquelles il doit se conformer.

Dites-lui : « Ramassez la pile n° 1 », en la désignant pour qu'il n'y ait pas d'ambiguïté (**8**).

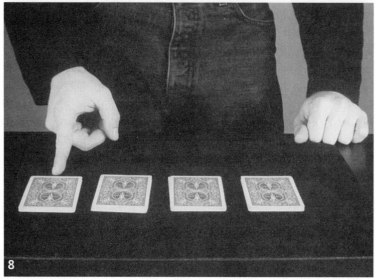

Lorsqu'il tient la pile, enchaînez ainsi : « Sans les retourner, prenez les trois cartes du dessus et placez-les sous la pile. Maintenant, en prélevant les cartes toujours sur le dessus de votre pile, posez-en une sur chacune des trois piles (**9**, **10**, **11**, **12**). »

11

12

13

Après ces manœuvres, adressez-vous au spectateur de cette façon :
« Reposez votre pile sur la table. Prenez la deuxième pile (**13**), transférez également à la fin de la pile les trois cartes du dessus, puis
une carte sur chacune des trois autres piles. »
Faites-lui répéter les mêmes gestes avec les deux piles restantes.
Vous comprenez ainsi que, lorsqu'il arrive à la dernière pile, les trois
cartes placées l'une après l'autre sur la pile n° 4 vont être transfé-
rées dessous. Ainsi, et à son insu, le spectateur placera un as sur le
dessus des piles n°s 1, 2 et 3 !
Concluez alors par ces mots : « C'est bien vous qui avez effectué
tous les mélanges, toutes les coupes et tous les déplacements de
cartes ? J'appelle ce tour "À la recherche des quatre as". Savez-vous
pourquoi ? Retournez la carte se trouvant sur le dessus de chaque
pile. »

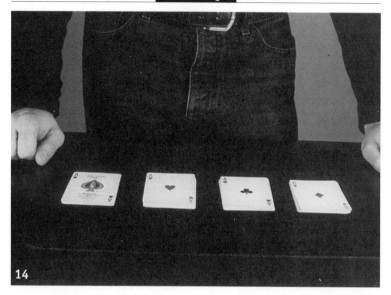

14

Les quatre as sont là, devant le spectateur (**14**), et c'est lui qui a tout fait ! Enfin, presque tout !

Remarque

Les coupes, répartitions et transferts des cartes sont conçus pour dérouter le spectateur et le rendre incapable de mémoriser le déroulement des séquences. Il croira avoir simplement mélangé, puis coupé les quatre as.

La pénétration d'un crayon à travers un billet de banque

Certains tours de magie semblent défier toutes les méthodes connues. Les spectateurs sont alors très attentifs aux gestes du magicien, sans se douter que le tour ne nécessite aucune dextérité.

Effet

Un billet de banque est posé sur un morceau de papier plié en deux. Le magicien place un crayon au centre du billet de banque. D'un coup sec, le crayon transperce le billet et, par conséquent, le morceau de papier. Néanmoins, lorsqu'on ôte le crayon, seul le papier est troué, tandis que le billet de banque est intact.

Matériel

Un billet de banque de 15 cm sur 7 cm, un morceau de papier blanc plus petit que le billet, un crayon et un scalpel.

Préparation

À l'aide du scalpel, pratiquez une incision à 4 cm du centre du billet dans le sens de la largeur. Cette fente doit mesurer environ 1,5 cm (**15**).

Présentation

Pliez le billet de banque en deux dans le sens de la largeur (**16**).

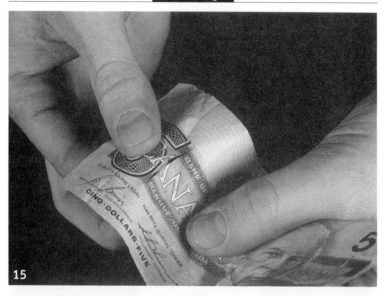

15

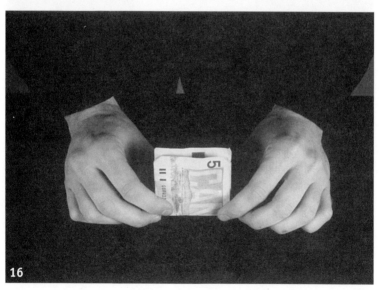

16

Ensuite, pliez le papier sur le billet, toujours dans le sens de la largeur (**17**). Prenez le crayon et insérez-le dans la fente du billet jusqu'à ce qu'il s'appuie sur le papier (**18**). Les spectateurs ne devraient pas s'apercevoir que le bout du crayon est à l'extérieur du billet (**19**). Montrez aux spectateurs que le crayon est bel et bien au centre du billet de banque en présentant le morceau de papier des deux côtés.

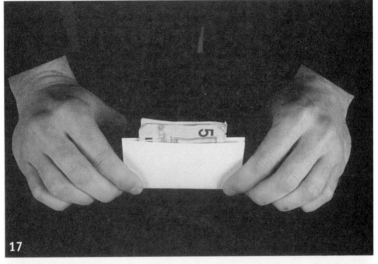

17

18

Poussez fortement sur le crayon pour qu'il transperce le papier (**20**). Une nouvelle fois, montrez les deux côtés du papier. Le public doit être convaincu que le crayon a transpercé le billet de banque en même temps que le papier.

21

Tirez sur le crayon vers le bas pour l'enlever. Laissez le morceau de papier transpercé tomber sur la table. Dépliez le billet de banque en posant immédiatement vos doigts au centre (**21**). Le public s'attend de voir un trou, mais frottez délicatement le billet comme pour refermer magiquement le trou et montrez aux spectateurs que le billet de banque est toujours intact.

Remarque

Ayez toujours dans l'une de vos poches, un billet de banque identique à celui qui a été préparé, mais entier. Après l'exécution du tour, rangez le billet incisé dans votre poche. Si un spectateur demande à vérifier ce billet, remettez-lui celui qui est intact. Restez naturel et le public ne suspectera pas l'échange des billets de banque.

Les nœuds fantômes

Autrefois, ce tour était pratiqué avec le lasso des cow-boys, qui le présentaient comme une démonstration de dextérité. Aujourd'hui, on peut attribuer aux fantômes l'apparition instantanée des nœuds sur une corde.

Effet

Le prestidigitateur montre une corde, puis la fait tomber dans un chapeau vide posé sur la table, en laissant pendre une extrémité à l'extérieur du chapeau. Quelques instants plus tard, lorsqu'il saisira cette extrémité pour faire sortir lentement la corde du chapeau, on verra apparaître toute une série de nœuds, à intervalles plus ou moins réguliers.

Matériel

Une corde d'environ 2 m et un chapeau ou une boîte.

Préparation

Aucune.

Présentation

Le principe grâce auquel on fait apparaître ces nœuds est très simple, mais vous devrez examiner attentivement toutes les photos pour l'exécuter sans difficulté et sans vous embrouiller. Le secret réside dans la manière dont la corde est enroulée dans la main avant d'être introduite dans le chapeau. L'idéal est d'obtenir cinq ou six nœuds.

La main gauche tient une extrémité de la corde, tandis que la main droite s'empare de l'autre (**22**) et exécute de larges boucles (**23**) qu'elle repose dans la main gauche (**24**). Remarquez bien sur les photos la position de la main droite : la paume est d'abord tournée vers le haut (**25**), puis, au moment où la corde passe dans la main gauche, elle se dirige vers le sol.

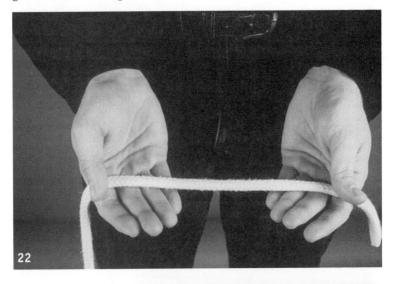

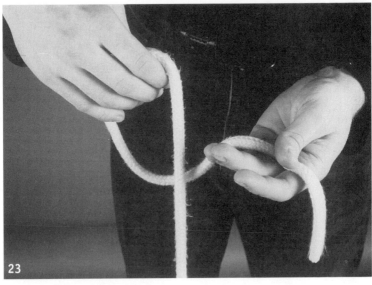

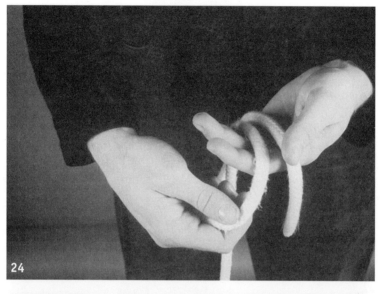

24

45

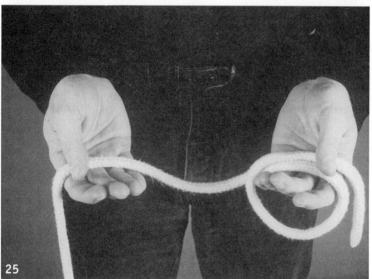

25

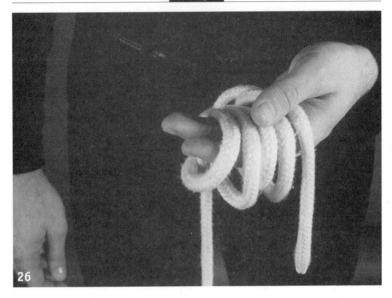

26

46

Quand toute la corde est enroulée (**26**), on la transfère dans la main droite, tandis que les doigts de la main droite saisissent l'extrémité de la corde qui se trouvait dans la main gauche(**27**) pour la tirer à travers les boucles (**28**).

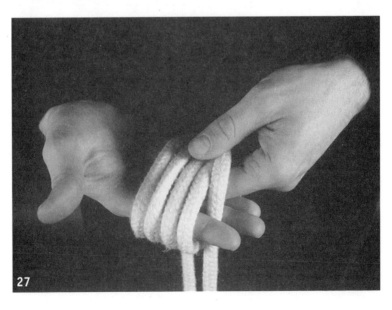

27

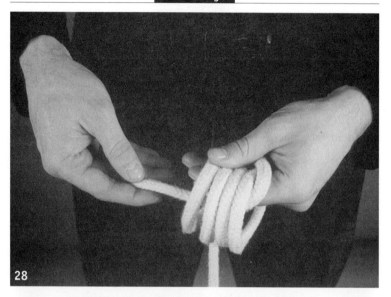

47

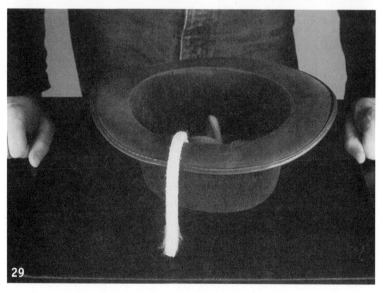

La main droite prend cette extrémité de la corde sous le pouce, puis la corde est introduite dans le chapeau. La main droite tient toujours l'extrémité et la dépose sur le bord du chapeau de manière à ce qu'elle pende (**29**).

30

Retirez en ligne droite du chapeau la corde par cette extrémité. Les nœuds se formeront au fur et à mesure que la corde est extraite du chapeau (**30**).

Remarque

Peu importe que vous soyez gaucher ou droitier. Ce qui compte dans cette manipulation, c'est de créer les boucles, de saisir la corde enroulée et de tenir son extrémité quand elle pend du chapeau avec votre main la plus habile.

Il est à noter que, dans certains des tours suivants, où on fait explicitement référence à une main, gauchers et droitiers sauront s'adapter afin de réussir les manipulations grâce à leur main la plus agile.

L'erreur du magicien

Ce vieux tour était autrefois le propre des pickpockets qui sévissaient dans les foires pour détrousser les naïfs.

Effet

Vous tentez de découvrir la carte qu'a choisie un spectateur. Ce dernier est convaincu que vous avez fait erreur. Convaincu au point de miser tout son argent. Vous lui ôtez ses illusions d'une façon très honnête !

Matériel

Un jeu de cartes.

Préparation

Aucune.

Présentation

Offrez à un spectateur de battre les cartes. En les reprenant, regardez discrètement la dernière du paquet et mémorisez-la (**31**).

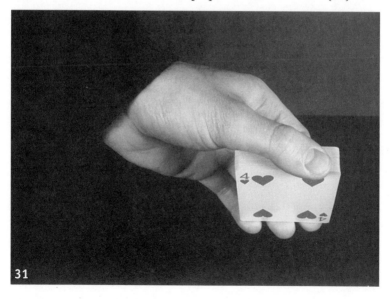

Cette carte sera votre carte clé pour trouver celle que choisira un autre spectateur. Supposons que votre carte clé soit le quatre de cœur, mais cela pourrait être n'importe quelle figure. Étalez les cartes (**32**, **33**) et demandez à un spectateur d'en choisir une. Par précaution, invitez-le à la montrer à toute l'assistance, en cas d'oubli.

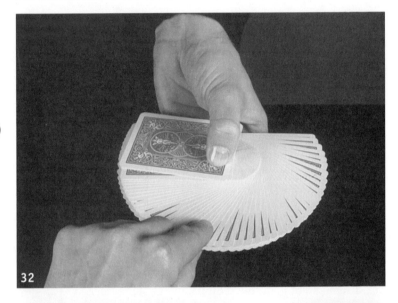

Rassemblez le paquet, demandez-lui de poser sa carte sur le dessus (**34**), puis de couper le jeu (**35**) pour dissimuler au milieu la carte choisie. Votre quatre de cœur se retrouve ainsi juste au-dessus de sa carte. Deux ou trois fois, faites-lui couper le jeu en complétant toujours la coupe.

36

À chaque coupe, assurez-vous qu'il a simplement coupé le jeu en deux, puis transférez la moitié inférieure sur la moitié supérieure. Évitez que sa carte et la vôtre soient séparées. Malgré toutes ces manipulations, votre carte clé restera placée sur la carte choisie.

Expliquez au public que vous avez le don de lire avec le bout des doigts et que vous pouvez retrouver la carte du spectateur sans la regarder, par la seule perception tactile des motifs imprimés sur la carte !

Prenez le jeu, face vers le bas, et alignez les cartes une à une sur la table, en les retournant (**36**).

37

38

Prétendez que vous percevez l'encre des cartes avant de les retourner. Continuez jusqu'à ce qu'apparaisse le quatre de cœur (**37**). La suivante sera celle du spectateur. Prenez-la comme les autres, palpez-la, retournez-la comme les autres. Supposons qu'il s'agisse du huit de pique (**38**).

À ce moment-là, ne montrez pas que vous savez que c'est la carte qu'il a choisie. Restez impassible, palpez et retournez encore cinq ou six cartes. C'est alors qu'il faut passer à l'action !

Prenez la carte suivante (**39**). Palpez-la et reposez-la sans la dé-couvrir. De nouveau, faites ces mêmes gestes. Ce que vous allez dire maintenant est très important, il faut donc bien vous entraîner. Tout en palpant la carte que vous tenez, annoncez fermement : « Je vous parie n'importe quoi que la prochaine carte que je retourne sera celle que vous avez choisie ! »

Analysons la situation. Le spectateur croit que vous allez retourner cette carte, et il a déjà vu passer son huit de pique. Il va donc accepter le pari avec empressement. Dès qu'il l'accepte, tendez la main vers les cartes retournées sur la table et saisissez le huit de pique (**40**, **41**). Vous avez donc fait exactement ce que vous aviez annoncé !

55

41

Remarque

Si le spectateur choisit la dernière carte du paquet, laissez-le faire. Ce qui devait être votre carte clé deviendra sa carte. Comme vous savez, dès le départ, qu'il s'agit du quatre de cœur, manipulez le jeu comme si de rien n'était et contentez-vous d'attendre que la carte apparaisse.

Les magiciens étant des amuseurs et non des filous, vous refuserez bien sûr l'argent de vos spectateurs !

La disparition d'une pièce de monnaie dans un foulard

Souvent, les tours qui paraissent compliqués s'expliquent très simplement. Celui-ci en est un bon exemple. Faire disparaître des objets, semble être un grand défi. En réalité, vous constaterez que c'est tout le contraire.

Effet

56

Le magicien étale un foulard sur la table. Les manches bien relevées, il montre une pièce de monnaie qu'il place au milieu de l'étoffe. Les coins du foulard sont réunis dans les mains du magicien. Les spectateurs entendent la pièce heurter la table jusqu'au moment où le magicien, d'un coup sec, tire sur le foulard. La pièce de monnaie a disparu !

Matériel

Un carré de soie d'environ 45 cm et une pièce de monnaie.

42

Présentation

Sur la table, posez le foulard en losange. Déposez la pièce au centre (**42**). Rabattez le coin droit du foulard sur le coin gauche (**43**). Prenez celui qui est près de vous avec le pouce et l'index droits et ramenez-le vers le haut en conservant cette position (**44**).

43

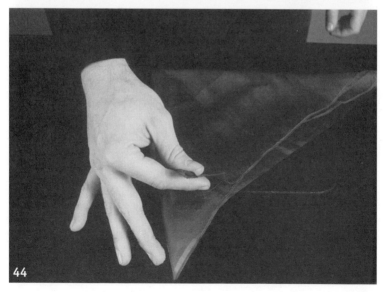

44

Avec le majeur droit, ramassez le coin supérieur. Placez l'index gauche entre ces deux parties en le glissant vers l'autre bout, à votre gauche (**45**), et maintenez les autres coins dans votre main droite. Déplacez l'annulaire et l'auriculaire droits entre le foulard et vous (**46**).

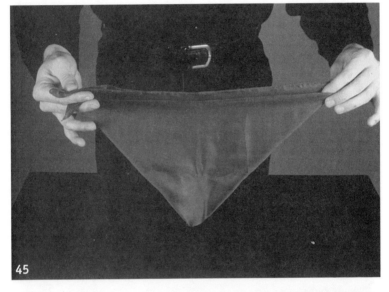

45

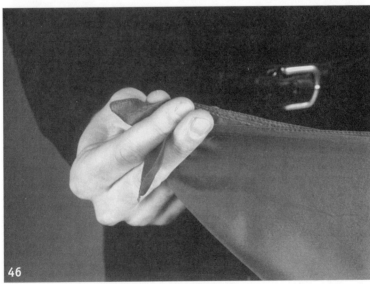

46

Faites passer les coins de la main gauche vers la main droite en les retenant avec le pouce droit (**47**).

Heurtez la pièce contre la table pour que les spectateurs l'entendent. De la main gauche, emparez-vous du coin qui se trouve au centre des deux autres (le coin pris au début entre le pouce et l'index droits) (**48**), et tirez-le vers la gauche en laissant tomber les coins

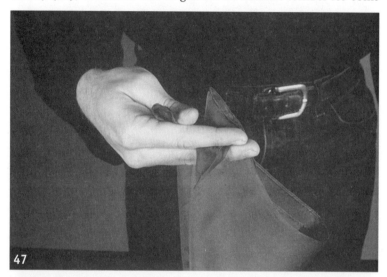

59

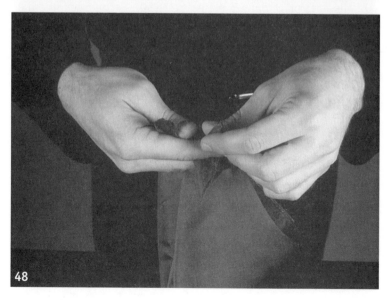

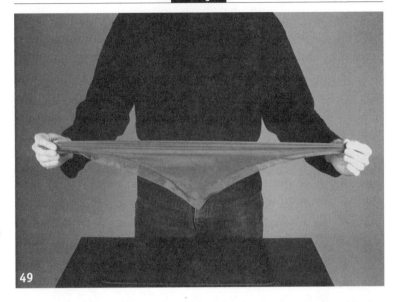

49

retenus par le pouce droit sans bouger les coins tenus par l'index et le majeur droits (**49**). Et voilà, la pièce de monnaie a disparu ! En réalité, le pliage du foulard a permis de former un tunnel qui retient la pièce à l'intérieur. Restez dans cette position deux ou trois secondes, pas plus, puis levez discrètement la main gauche en faisant glisser la pièce dans la main droite (**50**). Secouer le foulard en retenant la pièce à la jointure des doigts de la main droite.

50

61

Remarque

Il est primordial que la main droite bouge à peine lorsque vous levez la main gauche pour que la pièce glisse dans le foulard plié comme un tunnel. La main droite ne doit pas se fermer complètement au moment où la pièce arrive, sinon le public comprendra que vous retenez quelque chose dans cette main.

Les gauchers adapteront ce tour à leur main la plus habile. Dans tous les cas, entraînez-vous régulièrement pour paraître naturel.

Le sucre mystique

Ce tour est un des grands classiques de la magie que les magiciens les plus réputés inscrivent toujours à leur répertoire, tant ses effets sont appréciés du public. De plus, il est facile à exécuter et ne requiert que du matériel faisant partie du quotidien.

Effet

Un spectateur est invité à dessiner, avec un crayon gras, un motif sur un cube de sucre. Le cube est ensuite déposé dans une tasse de café chaud. À la demande du magicien, le spectateur place ses mains au-dessus de la tasse. Évidemment, le sucre va fondre, mais en laissant une trace.

Matériel

Une tasse de café chaud, un cube de sucre et un crayon à mine grasse.

Présentation

Présentez le cube de sucre et le crayon à un spectateur. Demandez-lui de dessiner un motif sur l'une des faces du cube. Vous pouvez

51

lui suggérer une forme géométrique ou un chiffre, mais rien de compliqué parce qu'il est très difficile d'imprimer un dessin sur du sucre. Reprenez le cube avec le pouce et l'index de la main gauche (**51**). Montrez le motif à toute l'assistance, puis, sans paraître y prêter attention, transférez le cube dans la main droite, entre le pouce et le bout du majeur en appuyant fortement avec ce doigt sur le dessin (**52**, **53**).

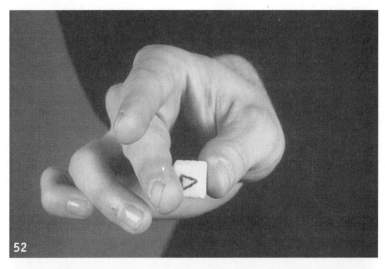

52

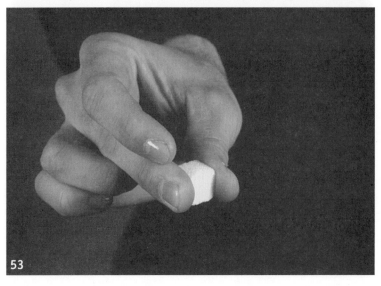

53

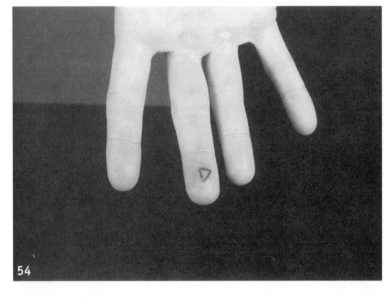

54

Ce geste a pour but d'imprimer sur votre majeur le motif tracé par le spectateur (**54**).

Ne prêtez pas attention à ce transfert d'une main à l'autre, sinon le public sentira que ce geste est calculé. Faites cette manipulation en demandant au spectateur de s'approcher de la tasse de café.

Lorsque le cube de sucre est dans la main droite, baissez-la le long du corps et parlez à l'auditoire, tout en le regardant.

Approchez-vous de la tasse, laissez tomber le sucre dans le café chaud et invitez le spectateur à se placer à gauche de la table, tandis que vous lui faites face, à droite. Demandez-lui de poser ses mains au-dessus de la tasse (**55**), sans plus de précision. Peu importe comment il les placera, il sera dans l'erreur, et ce sera le moment pour vous d'exécuter les gestes suivants.

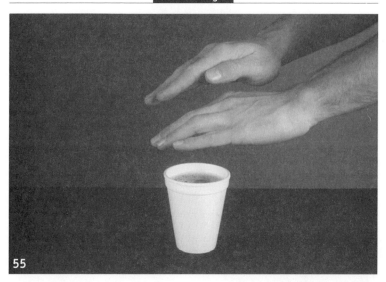

55

Sous prétexte de lui montrer la bonne manière de mettre ses mains, saisissez-les, en plaçant votre pouce droit sur le dos d'une de ses mains et le majeur dans sa paume (**56**). Inversez la position de ses mains pour le corriger. Ce geste doit être effectué avec vos deux mains et sans faire une trop grande pression, afin d'imprimer le dessin du spectateur dans sa propre main, à son insu.

56

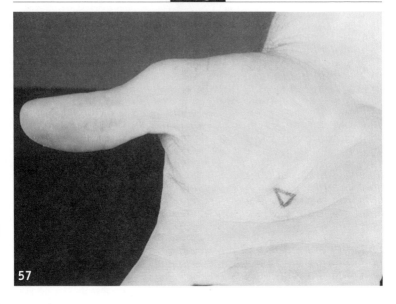

57

66

Éloignez-vous de la table et du spectateur. Expliquez-lui que le sucre a fondu dans le café chaud, mais que la mine du crayon, au contraire, s'est évaporée pour venir s'imprimer dans la paume d'une de ses mains. Attendez quelques secondes, puis suggérez-lui d'examiner ses mains (**57**) et surveillez sa réaction. Il restera estomaqué !

La carte sauteuse

Lorsqu'il fait de la magie, le magicien défie souvent les lois de la nature. L'une d'entre elles, la plus exploitée, est celle de la pesanteur...

Effet

Vous demandez à un spectateur de choisir une carte, puis de l'insérer dans le jeu. Le jeu est ensuite rangé dans sa boîte, tout en laissant apparaître la moitié du paquet. Le magicien laisse tomber toutes les cartes dans la boîte, mais une carte, celle évidemment choisie, défiera la loi de la pesanteur !

67

Matériel

Un jeu de cartes avec sa boîte, une paire de ciseaux et un stylo.

Préparation

À l'aide des ciseaux, fendez une carte du haut vers le milieu (**58**). Au stylo, faites un minuscule point dans la marge blanche du coin

58

59

68

60

supérieur gauche de la carte (**59**). Rangez cette carte coupée et marquée à l'avant-dernière place du paquet (**60**). Enlevez cinq ou six cartes du jeu pour que les autres glissent plus facilement dans la boîte.

Présentation

Sortez le jeu de sa boîte, déployez-le en éventail dans une main, puis proposez à un spectateur de choisir une carte (**61**, **62**). Demandez-lui de bien la mémoriser. Pendant ce temps, coupez le jeu en amenant votre avant-dernière carte vers le milieu du paquet.

61

62

69

Face au public, rouvrez le jeu en éventail d'une main et repérez la marque du stylo à l'endos de la carte coupée (**63**). Prenez la carte du spectateur et insérez-la dans la fente de votre carte (**64**). Fermez l'éventail de cartes, tout en maintenant la moitié de la carte choisie hors du jeu (**65**).

63

64

Introduisez les cartes dans leur boîte, jusqu'à la moitié. Posez la boîte debout sur la table, en la serrant entre le pouce et les trois derniers doigts votre main droite (**66**).

71

65

66

Avec l'index gauche, poussez la carte choisie dans le jeu et égalisez les cartes ; cela forcera la carte coupée à descendre au fond de la boîte (**67**,**68**).

69

Demandez au spectateur de nommer sa carte, puis libérez la pression du pouce et des doigts de la main droite. Toutes les cartes tomberont dans la boîte, à l'exception de celle choisie (**69**). Invitez le spectateur à la pousser dans le jeu. Il en sera incapable.

Tenez fermement la base de la boîte, pour empêcher d'autres cartes de sortir (**70**), faites retirer par le spectateur sa carte, puis sortez vous-même les cartes de la boîte. Étalez-les sur la table et faites examiner la boîte au public pour prouver que rien n'empêchait la carte d'être poussée à l'intérieur du jeu !

70

Remarque

Lors de la préparation, vérifiez bien la position et surtout le sens, dans le jeu, de la carte coupée et marquée. Si vous ne prêtez pas attention à ce détail, vous ne verrez pas le point au stylo et vous serez obligé de retourner le paquet pour trouver votre carte.

L'allumette indestructible

L'un des grands effets classiques de la magie, c'est lorsque le magicien détruit un objet, puis le reconstitue. En voici un exemple qui surprendra sûrement votre auditoire !

Effet

Le magicien montre une allumette ordinaire, qui peut être examinée et marquée pour vérification ultérieure. Ensuite, il sort de sa poche un mouchoir, dont il montre les deux côtés au public. Il enroule alors l'allumette dans le mouchoir et invite un spectateur à s'assurer que l'allumette s'y trouve bien. Après lui avoir demandé de casser l'allumette en plusieurs morceaux, le magicien secoue le mouchoir et l'allumette tombe sur la table. Surprise ! C'est bien la même allumette, mais elle est complètement reconstituée !

Matériel

Un mouchoir avec un ourlet (pli cousu au bord du mouchoir), deux allumettes en bois et un crayon.

Préparation

Insérez dans l'ourlet une allumette identique à celle que vous montrerez au public (**71**).

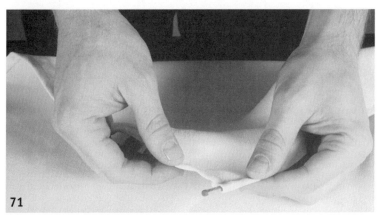

71

Présentation

Faites examiner l'allumette. Vous pouvez demander à un spectateur de la marquer avec un crayon. Sortez le mouchoir de votre poche et montrez-le des deux côtés. Tenez le coin du mouchoir contenant l'allumette dans une main (**72**). Étalez le mouchoir sur la table et placez au centre l'allumette que vous avez montrée (**73**). De cette main, saisissez le coin du mouchoir où se trouve l'allumette cachée et rabattez-le au centre. Sans lâcher prise, ramenez

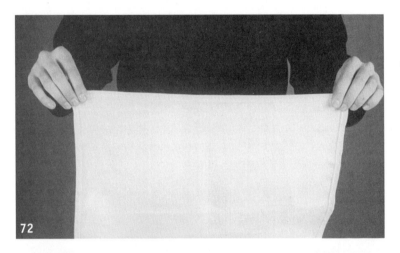

72

73

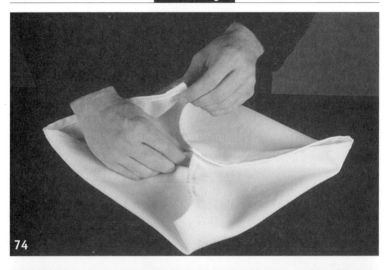

74

77

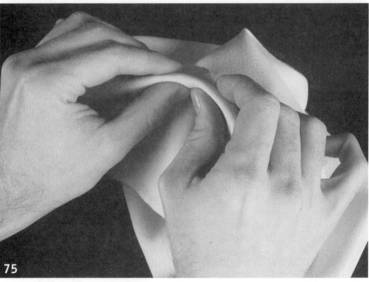

75

avec l'autre main les trois coins du mouchoir vers le centre. La première main tient toujours l'allumette dissimulée dans l'ourlet (**74**). Présentez cette allumette au spectateur et demandez-lui de la briser en morceaux (**75**). Une fois l'allumette cassée, faites une passe magique au-dessus du mouchoir, que vous secouez. L'allumette intacte tombera sur la table, tandis que celle que le spectateur aura morcelée restera cachée à l'intérieur de l'ourlet du mouchoir.

L'apparition d'une pièce entre deux cartes

On pose souvent au magicien la question suivante : « La main est-elle plus rapide que l'œil ? » En réalité, c'est l'esprit du spectateur que le magicien trompe la plupart du temps, et non son œil.

Effet

Plusieurs fois de suite, le magicien montre deux cartes à jouer, de face et de dos. Il les réunit en croix, puis les incline vers le sol. C'est alors qu'une pièce apparaît entre les cartes.

Matériel

Une pièce de monnaie et un jeu de cartes.

Préparation

Retenez une pièce de monnaie entre les phalanges du majeur et de l'annulaire de la main droite. Les doigts de cette main doivent être légèrement courbés (**76**). Serrez la pièce juste ce qu'il faut pour la maintenir en place, car si vous la serrez trop, la main n'aura pas

76

une apparence naturelle. Pour vous en convaincre, placez-vous devant un miroir. Remarquez combien vos doigts se recourbent tout naturellement lorsque vos bras, décontractés, longent votre corps. Même avec une pièce empalmée, vous pouvez faire claquer vos doigts et vous servir de votre main librement.

Tenez le jeu de cartes dans votre main gauche en position de donner (**77**).

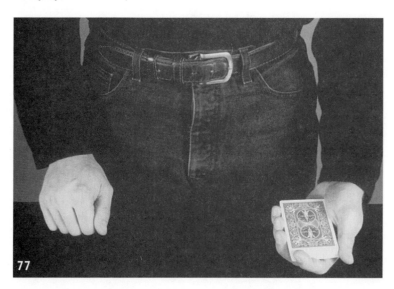

Présentation

De la main droite, posez sur la table deux cartes, faces vers le haut, et écartez le reste du jeu (**78**). Faites attention à ne pas montrer la pièce tenue par les phalanges de cette main. Pendant que vous ramassez les deux cartes avec la main gauche, laissez glisser la pièce vers le bout des doigts recourbés de la main droite. Transférez les cartes dans la main droite, tandis que la paume se retourne vers vous et que les doigts pointent vers le plafond. Cette main les prend avec le pouce sur la face des cartes et les doigts sur le dos de façon à ce que la pièce soit recouverte par les cartes (**79**).

78

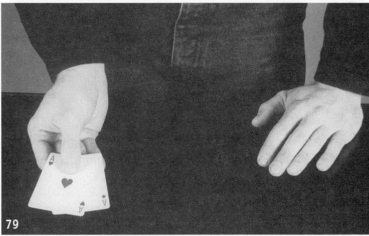

79

De la main gauche, enlevez la carte du dessus, puis montrez les cartes de face en les tenant à la hauteur de la ceinture (**80**). Élevez-les maintenant jusqu'à la poitrine pour les montrer de dos (**81**). Ce faisant, laissez descendre la pièce vers la paume (presque en dehors de la carte) et présentez les cartes que vous tenez le plus près

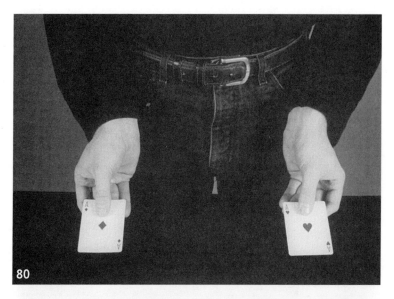

80

81

81

possible de leur tranche. Rabaissez ensuite les cartes à la hauteur de la taille pour remonter leur face. Pendant ce mouvement, la pièce doit glisser sous la carte de la main droite pour que celle-ci la cache complètement. Sans hésiter, posez en croix la carte de la main droite sur celle de la main gauche (**82**), afin que la pièce glisse sous cette carte où elle est maintenue par le bout du majeur gauche (**83**).

De la main droite, qui n'a jamais lâché prise, dégagez la carte du dessus en la faisant glisser sur celle du dessous (comme si vous appliquiez de la peinture avec un pinceau) (**84**, **85**). Montrez son dos, retournez-la face vers le haut, puis reposez-la en croix sur la carte de la main gauche.

83

Maintenez la pièce en place avec le bout du majeur droit, tandis que la main gauche présente l'autre carte (**86**, **87**), d'abord de dos, puis de face, avant de la remettre sous la carte de la main droite et la pièce. Celle-ci est maintenant prise en sandwich entre les deux cartes. Si vous avez parfaitement enchaîné tous ces mouvements, personne ne soupçonnera la présence de la pièce.

86

87

84

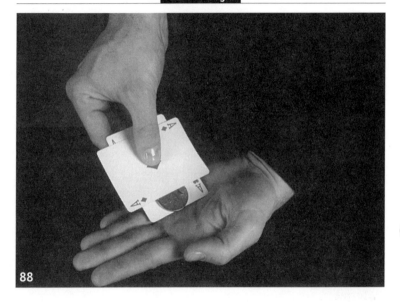

88

Il vous reste à faire apparaître la pièce. Tenez les cartes en croix entre les doigts et le pouce droit, en appuyant sur la pièce pour la retenir, puis inclinez-les vers le sol pour laisser sortir la pièce d'entre les cartes. Posez la tranche de la carte du dessous sur la paume de la main gauche, ce qui va freiner la pièce avant qu'elle ne sorte entièrement et prouver qu'elle vient bien de là (**88**).

Remarque

S'il a fallu une très longue description pour expliquer ces mouvements, dites-vous que la présentation du tour ne prendra que quelques secondes. Tous les gestes doivent être enchaînés et fluides pour obtenir le maximum d'effet.

La carte retournée

Voici un tour de cartes classique, très apprécié du public, avec une méthode simple.

Effet

Vous invitez un spectateur à prendre n'importe quelle carte d'un jeu qui aura été bien mélangé. Pendant que le spectateur montre sa carte aux autres, vous vous tournez un instant, puis vous lui demandez de l'insérer au milieu du jeu. Tenant le paquet d'une main, vous le placez derrière votre dos, avant de le ramener devant le public. Lorsque vous étalez les cartes, comme par enchantement, la sienne est retournée, figure visible.

Matériel

Un jeu de cartes.

Présentation

Offrez à un spectateur de bien mélanger un jeu de cartes. Étalez les cartes de dos et sollicitez un volontaire pour en choisir une (**89,**

89

90). À présent, tournez le dos au public pendant que le spectateur lui montre la carte. En vous tournant, vous donnerez l'impression de ne pas voir la carte ; en fait, vous vous tournez pour accomplir une mission secrète…

Retournez le jeu de cartes, figures visibles dans votre main (**91**).

90

91

Prenez la première carte sur le dessus du jeu, puis tournez-la pour cacher sa figure (**92**). Surtout, ne regardez pas vos mains pendant la manœuvre, sinon les spectateurs soupçonneront une manigance. Maintenant, présentez-vous face à l'auditoire. Demandez alors au spectateur de remettre la carte n'importe où dans le paquet (**93**).

92

93

Tout semble normal. Pourtant, le spectateur va glisser, dans un jeu de figures visibles (faces vers le haut, sauf pour la première carte), une carte dont la figure est cachée, face vers le bas (**94**). Assurez-vous que le paquet que vous tenez est bien uniforme afin de ne rien dévoiler de son état réel.

94

D'une main, placez pour quelques secondes le jeu derrière votre dos et, discrètement, retournez la première carte du dessus. Vous pouvez vous aider en appuyant la carte sur votre dos (**95**, **96**).

Ensuite, retournez tout le jeu, parce qu'il faut revenir devant l'auditoire avec le paquet dont toutes les figures sont cachées (faces vers le bas) (**97**).

Montrez le jeu au public, puis étalez les cartes entre vos mains jusqu'à ce que vous arriviez à la carte sélectionnée (**98**).

91

97

98

La ficelle coupée et reconstituée

Une ficelle coupée en deux, puis reconstituée, est un tour bien ficelé qui a toujours eu le don de séduire le public. C'est pourquoi les plus grands noms de la magie inscrivent toujours cette présentation à leur répertoire.

Effet

Un morceau de ficelle est enfilé dans une paille ordinaire. Le magicien coupe la paille en deux. Mais lorsqu'il tire sur la ficelle, elle en ressort d'un seul tenant.

Matériel

Une paille en papier ou en plastique, un morceau de ficelle plus long de 15 cm environ que la paille, une paire de ciseaux et un scalpel.

Préparation

Avec le scalpel, faites une incision d'environ 5 cm au centre de la paille (**99**).

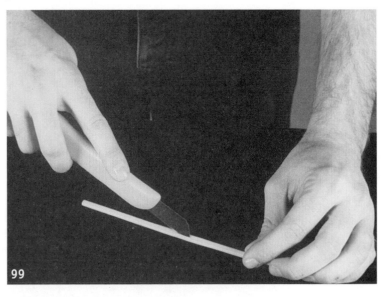

99

Présentation

Montrez la paille et le morceau de ficelle. Enfilez la ficelle dans la paille et assurez-vous qu'elle ressort à chaque extrémité (**100**). Si vous avez de la difficulté à l'enfiler, aspirez la ficelle par l'autre bout. Pliez la paille en deux, au milieu, pour que l'incision se trouve sous la pliure (**101**).

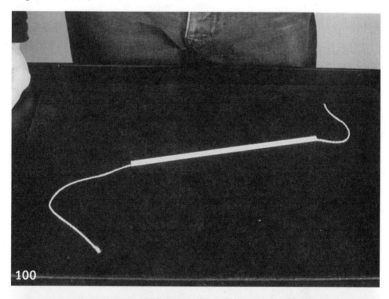

100

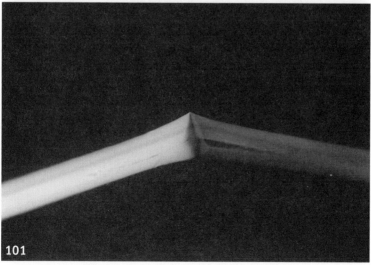

101

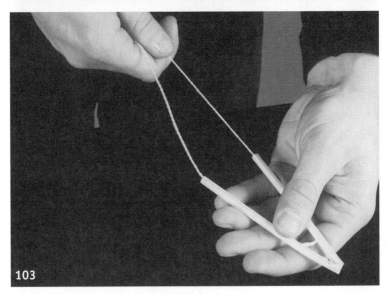

Tirez discrètement sur les extrémités de la ficelle (**102**). Le milieu de la ficelle sera ainsi ramené vers le bas, à travers l'incision (**103**). Ce geste est masqué par la main gauche qui tient la paille.

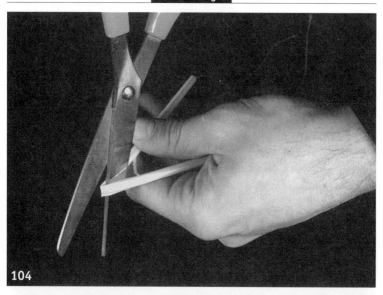

95

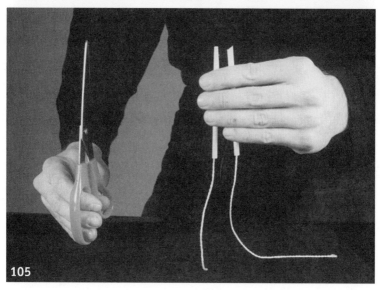

Relevez légèrement le centre de la paille (**104**). Avec les ciseaux, coupez la paille en deux au-dessus de la ficelle (**105**).

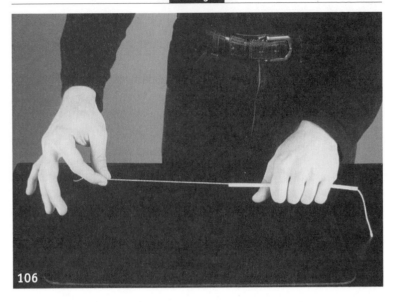

106

Redressez la paille dans votre main gauche, puis tirez sur la ficelle.
Elle est intacte (**106**).

La prédiction

Ce tour très impressionnant est visuel et son effet n'en est que plus puissant. Le public ne manquera pas de vous attribuer des pouvoirs mentaux et paranormaux !

Effet

Un spectateur pense à un chiffre. Vous devinez le chiffre auquel il a pensé et, longtemps avant qu'il fasse son choix, vous annoncez quelle carte il choisira.

Matériel

97

Un jeu de cartes, une grande feuille de papier et un crayon.

Préparation

Choisissez une carte, par exemple, le quatre de cœur. Marquez-la au dos d'un léger point de crayon dans la marge blanche aux angles supérieur gauche et inférieur droit (**107**). Insérez-la en 13ᵉ position à partir du dessus du paquet, puis remettez le jeu dans sa boîte.

107

Sur un côté de la feuille, écrivez en lettres majuscules : VOUS CHOI-SIREZ LE QUATRE DE CŒUR. Retournez la feuille pour masquer le message, car le public doit ignorer la prédiction. Placez à proximité le crayon et la boîte contenant les cartes.

Présentation

Sur la feuille, tracez un grand cercle et inscrivez tout autour les chiffres de 1 à 12, comme sur le cadran d'une montre. Marquez le centre d'un gros point au crayon (**108**). Retirez les cartes de la boîte et dites à un spectateur : « Voici le cadran d'une montre avec ses 12 chiffres. Dans un instant, je vous tournerai le dos. Je voudrais, une fois que j'aurai le dos tourné, que vous pensiez à l'un de ces chiffres. »

108

Tendez-lui le jeu de cartes et ajoutez : « Une fois que vous aurez pensé à votre chiffre, prélevez à partir du dessus du jeu le nombre de cartes correspondant à ce chiffre, et cachez-les dans l'une de vos poches sans les regarder. Par exemple, si vous pensez au 7, prenez les sept cartes du dessus et mettez-les dans votre poche. »

Tournez-vous, pour bien montrer que vous ne pourrez pas voir ce qu'il fait. Il suit vos directives (**109**) et, lorsque vous êtes sûr qu'il a fini, vous lui refaites face et vous reprenez le jeu.

99

Joignant le geste à la parole, vous affirmez : « Nous avons 12 chiffres » et, les comptant à voix haute, vous prélevez une à une les 12 premières cartes que vous empilez sur la table (**110**).

Cette manœuvre inverse l'ordre des 12 cartes, c'est ce qui permettra le fonctionnement du tour. Écartez le reste du jeu et ramassez le paquet de 12 cartes. Posez une carte devant chaque chiffre du cadran, en plaçant la première à 1 heure (**111**), la deuxième à 2 heures, et ainsi de suite jusqu'à ce que les 12 soient installées (**112**).

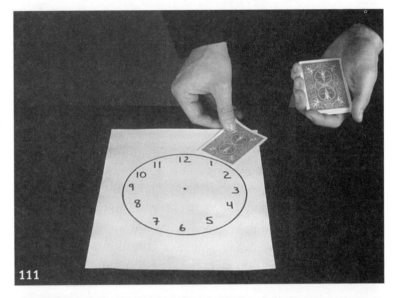

111

112

Repérez votre marque au crayon. La carte marquée devra indiquer le chiffre auquel a pensé le spectateur. Elle pourra se trouver indifféremment à l'une ou l'autre des 12 positions. Par exemple, supposons qu'elle soit jumelée au chiffre 7. Prenez le crayon, pointez-le sur le centre du cadran et dites au spectateur : « Pensez maintenant à votre chiffre. Ne le prononcez pas, pensez-y seulement. » Dessinez alors lentement une aiguille de montre en direction du 7 (**113**), tout en enchaînant : « Je crois que vous pensez au chiffre 7 ! Est-ce bien cela ? »

À la stupéfaction générale, il confirme. Demandez-lui alors de rendre les sept cartes en sa possession. Il y en a en effet sept !

113

Tendez le bras et retournez la carte qui se trouve face au chiffre 7. C'est le quatre de cœur (**114**). Retirez toutes les autres cartes, montrez qu'elles sont toutes différentes, puis adressez-vous au spectateur ainsi : « La carte que vous avez choisie est le quatre de cœur. Maintenant, laissez-moi vous montrer quelque chose de curieux. Avant que le tour commence, j'avais écrit un message. Ce message se trouve au verso du cadran. S'il vous plaît, prenez la feuille, retournez-la et lisez ce qui est écrit. »

Il fait ce que vous lui demandez (**115**). Vous conviendrez que c'est une finale éblouissante pour un tour de prédiction.

114

115

Création d'un répertoire

Sélection des tours pour un spectacle

On se demande souvent par quel tour entamer un spectacle. On ne parvient jamais à trouver le tour idéal qui conviendrait. On fait plusieurs tentatives, sans jamais parvenir à la bonne solution.

Le premier tour de magie de votre programme doit évidemment être excellent, mais aussi amuser le public. De cette façon, si vous êtes un peu nerveux, il vous permettra de mieux respirer dès qu'éclatera la première salve de rires ou d'applaudissements. Il ne faut pas oublier que durant ce premier tour, le public vous jauge, vous étudie et se demande à quelle sorte de magicien il a affaire. Si vous tâtonnez ou si vous semblez mal à l'aise, les spectateurs estimeront qu'ils vous dominent et que vous sollicitez une faveur de leur part. En exécutant un tour que vous maîtrisez parfaitement et qui provoque, chaque fois, le maximum d'impression, vous créerez un climat favorable qui vous enlèvera toute nervosité.

D'avance, sachez toujours ce que vous avez l'intention de présenter. Avant votre prestation, pensez à tous les petits imprévus qui pourraient survenir. Ainsi, vous serez en mesure de mieux vous concentrer sur la présentation de vos tours de magie, avant d'entrer en scène. Ne misez pas sur l'improvisation, car ce pourrait être un désastre pour vous comme pour votre auditoire. Afin de vous éviter un tel écueil, je vous conseille de rédiger un programme que vous poserez sur la table, à portée de main. Choisissez avec soin des tours variés qui s'enchaînent assez facilement. On peut débuter avec quelques tours qui s'exécutent rapidement et finir avec le meilleur et le plus spectaculaire d'entre eux. Prenez le temps de réfléchir à votre programme et veillez à ce que le moindre détail soit très bien réglé. N'oubliez pas non plus que votre allure et votre comportement sont aussi très importants. Présentez-vous d'une manière simple et souriante, n'essayez pas d'imiter un autre magicien. Soyez vous-même, soyez naturel.

Recommandations

La magie est source d'enrichissement intellectuel. Votre personnalité se développera, s'affirmera, vous prendrez de l'assurance à devoir vous exprimer en public, par le geste autant que par la parole. Vous provoquerez le rire et l'étonnement, à force de capter l'attention des spectateurs. Ajoutez à cela l'immense plaisir que vous ressentirez chaque fois que vous aurez l'occasion de présenter quelques tours. Pour qu'on les apprécie à leur juste valeur, souvenez-vous qu'il faut être à l'aise et sûr de soi, que tous vos gestes doivent être naturels. Gardez le sourire, regardez les spectateurs dans les yeux. C'est le seul et le meilleur moyen d'avoir du succès.

Entraînez-vous souvent et ne vous fiez pas à la simplicité de certaines manipulations. Plusieurs détails dans la magie sont si simples que vous serez porté à croire qu'ils sont négligeables. Méfiez-vous de cette façon de penser. C'est vrai que ces petits riens sont souvent simplistes, mais ô combien mystifiants pour le public ! Il ne faut pas oublier que ce sont des tours basés sur de simples détails qui vous ont mystifiés, au point de vous conduire à devenir magicien. Souvent, l'amateur pense qu'un tour doit être très élaboré afin qu'il soit efficace. Il imagine que la méthode est difficile, que pour réussir, on doit posséder du matériel sophistiqué. Il devrait plutôt comprendre que la simplicité des tours a toujours été la grande force des professionnels.

Si certains tours peuvent être exécutés après quelques heures d'entraînement, la majorité d'entre eux demande à être étudiée et pratiquée pendant des jours, des mois, voire des années, avant de pouvoir les présenter correctement. Tous les amateurs ont la mauvaise habitude de s'empresser d'effectuer un tour, dès qu'ils en connaissent le secret. Répétez chaque mouvement de vos tours jusqu'au moment où vous serez assez confiant pour les montrer en public. L'entraînement est essentiel, sans nécessairement y consacrer de longues heures. Il est même préférable que les périodes de pratique soient de courtes durées mais régulières. Commencez par vous exercer tout seul, puis faites-le devant un miroir, ce qui vous permettra de percevoir l'impression qui se dégage de vous-même comme de vos gestes. Le miroir montre les bons mouvements et les mauvais, que vous corrigerez au fur et à mesure. Ne présentez jamais un tour que vous avez négligé de pratiquer. N'oubliez pas que la réussite dépend de vous et de votre travail, et que pour présenter un tour dans les meilleures conditions possibles, vous devez le posséder sur le bout des doigts.

Un bon magicien doit aussi savoir d'avance ce qu'il va dire, ce qu'il va faire et, si le tour nécessite une diversion, quelle méthode employer pour détourner l'attention. Ce n'est pas devant le public qu'on cherche ses mots, pas plus qu'on ne doit se fier au hasard pour trouver un dérivatif.

N'exécutez jamais deux fois le même tour devant le même public, car psychologiquement, voici ce qui se passe. À la première présentation, les spectateurs ne réfléchissent pas, ils attendent avec curiosité ce qui va se produire et ils se laissent bercer par la douce illusion dans laquelle vous les transportez. Si l'on vous demande de le répéter, cela veut dire qu'on veut vous piéger et, l'effet de surprise n'existant plus, le public peut alors observer facilement vos moindres gestes.

N'expliquez jamais vos tours et gardez la plus grande discrétion sur les procédés employés pour les exécuter. En dévoilant vos secrets, vous enlevez automatiquement au public toutes les illusions que vous avez voulues précisément lui donner. Gardez votre prestige de magicien et vous jouirez alors d'une supériorité qui non seulement vous vaudra l'admiration et l'intérêt de tous, mais aussi la confiance et la sympathie de vos confrères magiciens.

Présentez-vous simplement lors de vos prestations, soyez naturel, n'essayez pas d'être mystérieux. Exécutez vos tours tout bonnement et vous mystifierez certainement tous les spectateurs. Les meilleurs magiciens au monde ont toujours été ceux qui avaient une présentation simple et naturelle. Chez les débutants, il est une tendance presque innée à sous-estimer les tours qu'ils présentent, du fait qu'ils en connaissent les secrets. Ils en arrivent souvent à négliger le point de vue du spectateur. Un magicien peut présenter un tour auquel il ne porte aucun intérêt, pour découvrir ensuite que ce tour est un pur chef-d'œuvre pour le public. C'est une fausse idée de dire que le fait de connaître le secret d'un tour peut lui enlever tout son charme. Cette façon de penser n'est seulement pas vraie pour le profane : elle l'est aussi pour le magicien. Il est très difficile de se rendre compte soi-même de l'effet d'un tour, surtout lorsqu'on en connaît la méthode. Combien de fois n'a-t-on pas vu un magicien, amateur ou professionnel, découvrir un bon tour dans un livre et s'empresser de l'écarter, estimant que ce tour n'avait aucun intérêt ? Jusqu'au moment où, le voyant exécuté par un pair, il le perçoit sous son véritable jour, sous un nouvel angle, et s'imagine que c'est un tour différent, parce qu'il peut maintenant l'évaluer comme un spectateur. N'oubliez pas que votre opinion sur l'évaluation d'un tour n'a que très peu d'importance ; c'est le public, le meilleur juge. Vous pouvez estimer qu'un tour est excellent, mais, malgré cela, le public l'accueille pour sa part très mal. Par contre, un tour anodin à vos yeux peut vous valoir un tonnerre d'applaudissements. Considérez tous les tours du point de vue du spectateur.

Conclusion

J'ai écrit cet ouvrage pour vous aider à maîtriser quelques tours de magie que vous pourrez présenter à l'occasion d'une soirée amicale ou d'un gala payant.

Ces tours vous permettront aussi de vous amuser avec votre entourage. Ce livre vous fera également découvrir que la magie est un art merveilleux. C'est pourquoi il n'y a rien de savant ni de prétentieux dans toutes ces pages.

Et qui sait si ce livre ne vous orientera pas vers un nouveau passe-temps, ne vous éveillera pas à une nouvelle vocation ? Ceux qui l'auront lu et qui auront développé un intérêt pour cet art pourront continuer leur apprentissage au moyen de cours.

Bibliographie

Livres de magie

SELDOW, Michel, *Les illusionnistes et leurs secrets*, Paris,
Arthème Fayard

SELDOW, Michel, *Vie et secrets de Robert Houdin*, Paris,
Arthème Fayard

DELORD, Jacques, *L'éternel magicien* par Paris, Édition G. P., 1973

Magazines et revues de magie

Le Magicien (sur abonnement)
Mayette Magie Moderne
8, rue des Carmes
75005 Paris
France

Magicus Journal (sur abonnement)
4, rue du Faubourg-Bonnefoy
31500 Toulouse
France

Genii
The International Conjurors' Magazine
P.O. Box 36068
Los Angeles, CA 90036
États-Unis

Magic
The Independent Magazine for Magicians
7380 South Eastern Ave., suite 124-179
Las Vegas, NV 89123
États-Unis

Vidéo

Apprenez la magie avec Carl Cloutier, champion mondial 1994
Production : Luc Vincent, Inter Impression, 1995
Durée approximative : 50 minutes

École

École de magie MagieStrale
Yannick Lacroix, magicien enseignant
4848, avenue du Parc
Montréal (Québec)
Canada H2V 4E6
Tél. : (514) 495-1995 ou (514) 522-8397

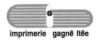

imprimerie gagné ltēe

IMPRIMÉ AU CANADA